人づきあいの難問をとく35のコツ

伝えてますか、あなたの気持ち

チャコのアサーティブ講座

木村 久子

本書は、〈季刊Ｂｅ！〉66号～72号（ＡＳＫ刊）に連載した『チャコのアサーティブ講座　人づきあいの難問に挑む』をベースに加筆してまとめました。

表紙・扉イラスト　オガワナホ

こんにちは！

アサーティブ・トレーナーの木村久子ことチャコです。
「人づきあい」ってなかなかむずかしいですよね。
家族や職場の人や友人など、身近な関係ほど案外気をつかったりします。

こんなこと言ったら、傷つけるかな。
あー、また言い過ぎちゃった！
今の言い方、いやみだったかなあ。
ひどい！　そんな言い方しなくても！
でも、本音を言ったら怒っちゃうだろうし……。
あー、むかむかする！

あなたは、こんなふうにストレスを溜めていませんか？
だとしたら、アサーティブ・トレーニングがきっと役に立ちます。

アサーティブ・トレーニングでは、自分の気持ちや考えを、まっすぐに表現するコミュニケーションの方法を練習していきます。

キーワードは「対等」「率直」「誠実」「自己責任」です。

「対等」というのは、自分が相手よりも上だとか、相手より下だとか、そういう考えにとらわれることなく、同じ立場の人間として向き合うこと。

「率直」とは、遠まわしに言ったりくどくど言いわけしたりせず、気持ちや意見をシンプルな言葉にすること。

「誠実」とは、自分にも相手にも正直に、心をこめて向き合うこと。

「自己責任」とは、自分がどうするかを自分で決め、結果にも自分で責任を持つこと。人の言いなりになったり、人のせいにしないことです。

むずかしそう、ですか？

それが不思議……

ちょっとしたコツを覚え、グループの中で練習していくと意外にできるんです。

すると、こんがらかった気持ちや関係が、ほぐれていきます。

この本は、アスク・ヒューマン・ケアの〈季刊Be!〉という雑誌に連載した『チャコのアサーティブ講座』を土台にまとめました。

もともと「人づきあいの難問に挑む」という副題がついていただけあって、アサーティブ・トレーニングの中でも、けっこうむずかしい場面に挑戦しています。たぐいまれな粘り強さをもつ編集部との共同作業によってできあがったものです。

アスク・ヒューマン・ケアには出版と研修相談部門があって、設立当初の一九九四年からアサーティブ・トレーニングの講座を行なってきました。

私は二〇〇二年から講師を務めています。

さて、前置きはこのくらいにして、ちょっと恥ずかしいのですが、「チャコのアサーティブ講座」、はじめましょうか。

木村　久子

もくじ

1

身近な相手にまっすぐ向き合う

あらためて、こんにちは。

仕事相手やちょっとした知り合いには言えるのに、身近な人になればなるほど率直に話すのが難しいことってありませんか？　つい、意固地になったり、がまんした揚句にドッカンと感情を爆発させてしまったり……。

そこで、一回目のテーマは、「身近な相手に自分の望みを伝えるにはどうすればいいか」です。

アサーティブ・トレーニングでは、相手にまっすぐ向き合うことを「対決」と呼んでいますが、これは「高度なテクニックが必要」とされています。でもたぶん、対決という言葉のイメージも影響しているかもしれません。

まるで労働組合の団交みたいな、立ち上がって要求を突きつけるぞ！　敵の横暴を許すな！　不満を思い切りぶつけるぞ！……みたいなことを思い浮かべてしまいませんか？

これでは避けたくなるのも当然だし、特に身近な相手となったら、気持ちがすくむでしょう？　第一、こんなふうに激突してうまくいくでしょうか。たぶん、自分も相手も全身キズだらけになってしまいそうですよね。

まっすぐ向き合うのは、高々と要求をかかげて宿敵に戦いを挑むことではないのです。

むしろ「和平交渉」と考えてください。今は関係がこじれているにしても、相手は憎むべき敵ではなくて、本当は大切にしたい人のはず。

では、和平交渉にのぞむことにしましょう。

ここでは話を具体的にわかりやすくするために、A子さんに登場してもらいます。

A子さんは、夫に対する不満を長年ためこんでいます。「自分の都合ばかりで、ちっとも私のことを思いやってくれない」「何かというと頭ごなしに命令する」「私が話をしたくても、聞くそぶりも見せてくれない」「家庭のことにちゃんと関心を示してくれない」「こんな人だとわかっていたら、結婚なんてしなかったのに！」……。

でも、息子の問題に悩んだことがきっかけで、A子さんは自分の気持ちを見つめ直したのです。そして、夫に対してまっすぐ向き合ったことがなかったと気づきました。

A子さんと一緒に、和平交渉のコツを考えていきましょう。

❶伝えたいことをしぼる

アサーティブに伝えるコツの一つは、言うことは一度に一つ、そして現実的・具体的にということです。

そこでA子さんは、たちまち困ってしまいました。夫に言いたいことはドッサリある気がするのに、いざ実際にあげてみようとすると、モヤモヤがうまく言葉にならないのです。「具体的に一つ、相手に言いたいことは？」なんて聞かれると、頭が真っ白……。

では A子さん、まずはこうしましょうよ。今、あなたにとって切実な問題で、かつ、夫にとっても内心では気になっていそうなことはありませんか？　このことだったら、少しは望みが実現しそうな兆しがある、ということは？

……A子さんは、「息子の問題について話を聞いてほしい」という望みを伝えることにしました。

❷ 時と場所を選ぶ

話を切り出すタイミングは、とても重要です。一番いいのは、相手も自分もゆったりしているとき。

A子さんの場合、今までこのタイミングをうまくつかめずにいました。夫が帰宅してドサッと座るなり話を始めようとして「俺は疲れているんだ！」と言われてシュンとなったり、夕食の席で声をかけてもナイター中継を観ていてうわの空で傷ついたり、夜中にあれこれ考えて悶々としたあげく、翌日出勤のしたくをしている夫をつかまえて聞いてもらおうとして、「朝から聞く話じゃないだろう」と振り払われて、一日不快なムードで過ごしたり……。

今回は、腰を落ち着けてチャンスを待つことにしました。さて週末になり、夫は寝坊して遅い朝ご飯。今日の予定はと聞くと、「別に」と言います。A子さんはニッコリして切り出しました。

「ご飯が終わった後で、ちょっと時間をとってもらえないかしら？　話したいことがあるんだけど」

夫は面倒くさそうな顔をしましたが、「いいよ、少しなら」としぶしぶ答えたのです。

❸前向きに始める

交渉を申し出るほうも勇気がいりますが、相手だって、ふだんと違う雰囲気を感じて緊張するものです。

ですから、決して相手を断罪したり最後通牒を突きつけようとしているのではなく、関係をよくしたいと願っているのだ、ということが伝わるような始め方が大切です。勇気をふりしぼったあまり、「今度こそちゃんと聞いて、あなたに言いたいことがあるの！」では、なんだかケンカ腰。

教科書に載りそうな例をあげれば、

「あなたとの関係が私にとって大事だから、お話したいことがあるんです」

という調子になりますが、A子さんにとっては改まりすぎでしっくりこなかったので、こう言って始めました。

「あなたと久しぶりにきちんと話せるのがうれしいわ」

他にも、

「今日は疲れているのに（忙しいのに）時間をとってくれてありがとう」

「この間は、○○してくれて、とてもありがたかった」

のような言い方もあるでしょう。

気づかい、思いやり、感謝、期待……前向きな言葉で友好的なムードをつくることです。

❹ 事実をあげる

望んでいることを相手に理解してもらうためには、具体的な事実をあげるのが役立ちます。

漠然と「あなたはいつも○○するけれど……」「私はずっと○○と思っていたんだけれど」という言い方よりも、いつどんなことがあったか、事実をとりあげて話すほうが伝わりやすいのです。まずは感情や解釈をまじえずに、実際にあったことを冷静に話します。

長いこと同じようなことで傷ついている場合は、「何度も何度もこういうことがあった」と言う前に、最近のできごとをとりあげるといいでしょう。

A子さんは言いました。

「月曜日の夕食のとき、私が子どものことで相談しようとしたら、おまえにまかせてあるじゃないか、とあなたは言ったけれど、そのことで私……」

❺ 気持ちを伝える

その事実によって、どんな気持ちになったかを、なるべくシンプルな形で言葉にします。気持ちというのは、考えや意見（そんな言い方は間違っている、あなたはそんなことをすべきではない）とは違います。心に沸き起こった感情のことです。感情は、あくまで自分のもので、相手の責任ではありません。だから「あなたのせいで傷ついた」というふうに相手に責任をかぶせるのではなく、あくまで自分の心の動きとして話します。

A子さんは、こう続けました。

「おまえにまかせてある、と言われて、私はまるで『子どもの話はしてほしくない』と言われたみたいに感じたの。それで、とっても心細くて、悲しくなってしまったんだけど」

自分の気持ちをA子さんは「心細い」「悲しい」という言葉にしたわけですね。そして「○○と言われたみたいに感じた」と、理由を説明しています。

❻ 相手の言い分も聞く

思いこみだけで話したり、相手の意図を一方的に解釈することは避けて、きちんと確認することが重要です。

A子さんは言いました。

「あなたが言いたかったのは、子どもの話は聞きたくないという意味だったのかしら、それともあのとき疲れていただけなの?」

実のところA子さんは、夫が「あのときは疲れていたんだ」と答えたら、「今なら話してもいいかしら?」とか、「タイミングがまずかったのね。どんなときなら時間をとってもらえる？　今週ならいつ？」と話を進めるつもりでいました。

でも夫の反応は違ったのです。

「だって、何を話すことがあるんだ、おまえが決めてくれていいよ、子どものことはまかせてあるんだから」

A子さんは思わず下を向いてひるみそうになります。心の中で「あなたはいつもそうなのね！」と叫んだのですが、そういう関係を長いこと続けてしまったのは相手だけの責任とは言えないかもと思い直しました。

「本当は私も早く言えばよかったんだけど、実は私、ずーっとあなたに話を聞いてほしかったの」

❼実行可能な提案をする

「あなたに何か決めてほしいとか、あの子のことをどうにかしてほしいわけじゃなくて、私が悩んでいることをわかってほしいだけなの。一人で考えているとどんどん落ちこんでしまうし、あなたがときどき話だけでも聞いてくれたら、とても心強くなると思うの。週末に時間をとってもらえない？」

A子さんは、夢中で一気にそこまで話しました。

相手にとって、実行可能な範囲のことを提案するのが、望みを伝える上での一番のポイントです。

今までの悲しみをどうにかしてほしいとか、考え方を変えろといった要求は非現実的です。事態をすっきり解決してくれとか、自分の心配を取り去ってくれというのも、過剰な要求。相手は言われるだけで負担になります。A子さんは、「話だけでも聞いてほしい」「そのための時間をとってほしい」と、相手さえその気になれば実行可能で具体的な申し出をしたのです。

❽ 前向きに終わる

「わかったよ」という夫の言葉にA子さんは一瞬ほっとしましたが、それに続けて「……考えておくから」という一言が出たので、がっくり。考えておく、というのは、話を打ち切るときの夫のおなじみのセリフなのです。

要望を伝えたからといって、一気に事態が好転すると思わないほうがいいでしょう。特に長年の関係の中でこじれた問題は、すぐには改善しません。よくなるとしても段階を追って、一歩ずつです。

A子さんはつい、がっくりが表に出てしまい、「うん」とつぶやいただけでテーブルを立ってしまいましたが、あとで思い直しました。

今まで伝えられなかった気持ちを、初めてきちんと言えたのです。夫の「考えておく」も、今までよりは気持ちがこもっていたようにも思えます。

考えてくれるだけでうれしいわ、と言ってみてもよかったかもしれない。また明日、夫が家にいるようだったら「今日は時間あいていない？」と聞いてみようかな……。

そう考えると、少し前向きな気分になってきました。夕食のとき、A子さんはひとことだけ、こう言いました。

「今日は、私の気持ちを聞いてくれてありがとう」

対話というのは、自分と相手とのやりとり。相手の反応が期待したとおりでなくても、「どうしてわかってくれないの」と責め立てずに、次にまた話ができるような終わり方をし、対話を再開できることが大切なのです。

なお、話し合いの途中で相手が明らかな拒否に出たり、感情的になった場合は、無理に話を続けないこと。

「私が急にこんなこと言い出したから、びっくりした（ドキッとした、ムカッとした）？」

と相手の気持ちを思いやったり、

「今日は疲れている（あまり話を聞く気分じゃない、いきなりで戸惑っている）みたいね。また今度にするわ」

とサッと切り上げることも大事です。

そして、今まで言葉にできなかったことを切り出せた自分の勇気をほめてあげましょう。


さて、どうでしたか。

こういう話し合いは一筋縄ではいかないけれど、A子さん、なかなかの奮闘ぶりでした。もちろん、ここにあげたポイントは、全部やらなければいけないというものではありません。それに、百点満点の理想的な伝え方なんて、まずはできません。一度で結果が決まる一発勝負とは違うのですから、うまくいかなければまたやればいいのです。A子さんも話し合いが尻切れトンボに終わってしまったけれど、あとで気持ちを立て直しています。

タイミングをはかるどころか突発的に話を始めることになったり、話しているうち言いたいことがこんがらかってしまったり、相手の剣幕に引き下がるはめになったり、いろいろなことが起こります。でも、ぐちを繰り返したり押し黙っているのとは違って、私はあなたに伝えたいことがあるのだ、という気持ちはきっと伝わるはず。

では、別の二人にも気持ちを伝えてもらいましょう。

恋人のことで傷ついたB子さん。

「この間、あなたの昔の友人に会ったとき、私のことを紹介してくれなかったから、彼女と認めてもらえてないみたいですごーく落ちこんだよ。あのあとムスッとしてて悪かったけど、そういうわけだったんだ。今度は、知り合いに会ったらちゃんと紹介して」


夫に頼みを言えなかったC子さん。

「昨日は、夕食のお皿をさげてくれて、うれしかったわ。実はずっと、あなたが夕食のお皿を洗ってくれたらいいのになあって思っていたのに言えなかったの。それで一人で不機嫌になって、ごめんね。だって、夕食の片づけをして、子どものお風呂の準備をして、寝かしつけて……ばたばたしている横であなたが寝転がってテレビを観ていると、私ばっかり忙しいみたいで情けなくなってしまうの。ね、今度からお皿洗いを頼めない？ そうしたら、私も気持ちの余裕ができて、あなたに当たり散らしたりしないですむと思うの」

というわけで、アサーティブ・トレーニングで学んできたことを私なりにご紹介しました。少しでもみなさんのお役に立てたら、うれしいです。

自分の望みを相手に伝えるコツ 8

❶ 伝えたいことをしぼる
❷ 時と場所を選ぶ
❸ 前向きに始める
❹ 事実をあげる
❺ 気持ちを伝える
❻ 相手の言い分も聞く
❼ 実行可能な提案をする
❽ 前向きに終わる

2

批判されたら、どうする？

人づきあいというのは、たとえて言えばキャッチボールのようなもの。相手がぽーんと投げてきたボールを、こちらが受けとめ、ぽーんと投げ返す。すると再び相手はぽーんと投げてきて、こちらもニッコリ投げ返す。……というふうにいけば楽しいのですが、キャッチしにくいボールがやってくる場合もあります。その代表格が「批判」かもしれません。

「ひどい、そこまで言わなくても……」

誰だって、批判のボールがくると、多少なりともひるみます。痛いところを突かれて必死に反論したり、ミスを指摘されて青くなって言い訳したり。すると相手はますます、怒りの剛速球を投げてきたりします。どう受ければいいのかわからないような変化球が飛んでくる場合もあります。

アサーティブ・トレーニングでは、「批判はプレゼント」と考えます。「私のことが嫌いだから」「私がダメだから」批判してくるのではなく、「私に関心を持っているから」「期待しているから」「一緒に問題を解決したいから」指摘してくれるのだと受けとるのです。批判のボールを上手に受けることで、自分の問題に気づいたり、新しいヒントを得たり、相手を理解したり、関係を深めたりすることができるのです。

ただ、それにはかなりコツが必要。とりわけ自分に自信がもてないときには、批判のボールがくると自分をすべて否定されたように感じて、傷ついてしまったりもします。

今回は、まさにそんな状況にはまっているD子さんに登場してもらいましょう。D子さんは、「もともと批判にすごく弱い」のだそうです。今一番困っているのは、職場の上司からの批判。たとえば昨日はこんなことが……。

D子さんの伝達があいまいだったから、すれ違いが起こって会議に出す書類が間に合わなかったと課長に叱責されたのです。

「そういうことは、ハッキリ言ってくれないと困るんだよ。いつも君は一言足りないんだよな。会議が今日なの、わかってただろう！　言われたことだけやるんじゃなくて、全体を見て動いてくれないとね」

さあ大変。D子さんの心の中では、課長が話し始めるなり、自己否定の声が鳴り響きます。

「私はハッキリ言えない人間なんだ」

「全体を見て動くことができない」

「だから、私はダメなんだ」……。

心は急いでガードを固めます。つい声が高くなってこう言ったのです。

「ハッキリって、どういうことなんですか！　だいたい課長が全体を管理するんじゃないんですか！　私に全体を見て動けって言われたって、どうやって全体を見ればいいんですか！」

課長は思わずため息をもらします。

「いったいなんで、そんなに大変な話になるんだ？　何を意地になってる？　君とはまともに話ができないよ」

課長は足音も荒く立ち去り、D子さんは、一日中、仕事がまともに手につきませんでした。

さて、困りました。一体どうしたらいいでしょう。

❶相手をさえぎらずに聞く

傷つかずに批判を受ける第一のコツは、相手の話をちゃんと聞くこと。聞きたくない話なのに「ちゃんと聞くほうが傷つかない」なんて、意外かもしれませんね。

D子さんは、批判のボールがやってくると、頭を抱えるようにしてうずくまって耳をふさいでしまいます。するとボールは頭や肩を直撃します。だから「痛い痛い！　そんなに投げるなんてひどいじゃないの！」となってしまうのです。

むしろちゃんとボールをキャッチしたほうが痛くないんですよ。相手はD子さんを「ダメな人間だ」と宣告するのが目的で話しているわけではないのですから。では目的はといったら、何か事態を改善したいのです。

だから少なくとも、相手が何をどうしてほしいと望んでいるのか了解するまでは、黙って聞いてみること。途中でさえぎったり、「でも私は……」と反論すると、相手はいよいよ強力なボールを投げることになります。それが課長の最後の言葉、「君とはまともに話ができない」というデッドボールになってしまったのです。

さて翌日、課長がやってきました。

「昨日のあの態度、困るよ。改めて言っておくけどね……」

D子さん、今度こそきちんと耳を傾けるぞと思っていましたが、「責任を明確に」「最後まできちんと」「連絡をはっきりする」などの何度も聞いた言葉が次々出てくるにつれて、再び頭の中はぐるぐる状態に……。それでもともかく口をつぐんでうなずくことだけに徹しました。課長はひとしきり話したところで言います。

「わかった？」

わかるどころではありません。D子さん、今にも「でも私は……」と言いそうになっています。まだ、ボールをキャッチするのは無理のようです。

そこでこう答えました。

「すみません。よく考えてみますので、明日まで時間をください」

とりあえず泥沼にはまらずに切り抜けることができました。大進歩です。批判を受ける態勢が整わないときは、別のボールをあれこれ投げるよりも「今は無理」と宣言して場を改めたほうが得策です。

❷ 相手に確かめる

ではD子さん、明日の場面に備えて「聞くのがつらい批判をどう聞くか」を考えてみましょう。

批判に弱いタイプの人は、ちょっとした指摘も自分の全人格に関わるものと受けとりがち。これを防ぐには、いったん「自分のことと思わずに他人事と思って聞いてみる」のがコツです。

「じゃあ、私が悪いんですね！」という私モードをやめて、「相手はどんな事態を解決したいと思っているのか」という相手モードに切り替えるのです。

「なるほど、この人はそう感じているんだ」「ああ、この人にとってはそういうことだったのか」「ふーん、それで困っていたんだ」

……こうやって話を聞けば、ただ聞いているのではなく「聴く」、つまり相手に耳を傾けることができます。何を言いたいのか理解しよう、という姿勢で聴けば、相手も怒りや攻撃などの無茶なボールではなく、だんだんと受けやすいボールを投げてくれるようになります。

さて翌朝、課長がさっそくD子さんに声をかけてきました。

「どう、考えてくれた?」

D子さん、気軽にそう言われても、答えに詰まってしまいます。なにしろ「今日こそ話を聴くぞ」と決意してやってきたのに、いきなり質問されたのですから……。

「あの、私なりに考えたんですけど、もう一度、課長のお話をきちんと聴きたいので、お時間とっていただけるでしょうか(昨日話したじゃないか、と怒られたらどうしよう……?)」

D子さんは課長が怒り出すかもと心配でしたが、課長のほうはA子さんの態度の変化に目を見張りました。話をきちんと聴きたい、と言われて怒り出す人はめったにいないものです。

「ああそう。いいよ、今でも」

　というわけで、話が始まりました。

「何度も言ってることだけど、全体を見て動いてほしいんだ。その上で、伝えることはハッキリ伝えてほしい」

　D子さんにとっては、こう言われても「自分が責められている」と感じるだけで、何をどうしろというのかわかりません。そこで質問しました。

「具体的にどうすればいいのか、きちんと考えたいので、課長がどんなときにどう困ったか教えてもらえますか」

　D子さん、相手モードに切り替えて課長の話を聴きました。事態はこういうことだったようです。

　先日の企画会議のための書類は、D子さんが仕上げて企画部に持っていくはずだった。D子さんの側では念のため課長にチェックしてもらってからと思っていたが、課長が出かけていたので机の上に置いておいた。そこへ別の人が書類を重ねたものだから、課長も気づかないまま三日が過ぎ、課長としては書類はすでに出してあるものとばかり思っていた。

……そうやって話すうち、課長はこう言いました。

「僕も気づかないのは悪かったけど、書類を見てほしいとか、見てくれましたかとか、言ってほしかったわけ」

これが「ハッキリ言ってほしい」の中身だったわけです。あいまいな言い方をされると傷ついて思い悩んでしまうけれど、いつの何が問題になっているのかをきちんと聞き出せば、なんのことはなかったりします。

「わかりました。これからは、書類はなるべく机に置かずに、課長がいるときに、直接渡すようにします」

「そう、そのほうが助かるな」

これで解決かと思いきや、話はまだ終わりませんでした。

❸ 気持ちを口に出す

課長は続けて、D子さんに変えてほしい点を次々並べました。ただ「直接渡す」というだけでなく、期限までに目的を果たしてほしいこと、担当の分野には責任を持ってほしいこと、全体のスケジュールを考えて動いていれば確認を忘れるはずがないこと……そのあたりで、D子さんの許容量を超えてしまいました。誰だって、これを改善しろ、あれを改善しろといくつも言われたら、だんだん悲しくなります。

批判を受けてつらくなったら、気持ちをそのまま言葉にしてみることです。「そんなふうに言われると悲しいなあ」「そう思われていたなんてなんだかショック」など、感じたままを口に出せば、態度が固まらずにすみます。

D子さんも、途中でたまらなくなってこう言いました。

「あの、私ってそんなにダメですか？　今お話を聴いていたら、何もかもできていないみたいで……」

課長は、あわてて答えます。

「いやいや、そんなことないよ。君はすごくまじめにやってくれるし、何より慎重でミスが少ないから助かってるよ。ただね、もうちょっと全体を見て責任を持ってほしいんだ」

こうやって「そんなにダメ？……」と返したことで、相手が自分をすべて否定しているのではないことを確認できたりします。気持ちが落ち着いたところで、D子さんは再び相手モードに切り替え、課長が何に困っているのかを聞き出しにかかりました。

先日の件に関しては、会議のための資料とわかっているのだから、課長の机に置いたままにせずに、早く見てくれとせかすなどして「会議に間に合うように企画部に届ける」という目的を果たしてほしかったこと。

今後も、会議に間に合うように書類がそろっているのか、その他のことは日程に間に合うよう進んでいるのか、D子さんに限らずどのスタッフもそれぞれチェックしながら仕事をしてほしいと思っていること。

このところ、課内のどのスタッフも目の前の仕事で手一杯の状況が続き、課長にとっては「どうして誰も全体のスケジュールを見て動かないんだ」という不満がつのっていたのです。そこへD子さんのミスがあったので、不満が一気に噴出したのでした。加えて課長としては、慎重でミスの少ないD子さんにこそ、スケジュール管理をきちんと受け持ってほしいという以前からの期待もあったのです。

D子さんは内心でつぶやきました。

「課長も一人で大変だったのね……」

批判の背景には、問題の指摘に加えて、期待や不満など、いろいろな気持ちが混ざっていることが多いのです。

❹話し合って問題解決

こうやって、D子さんは大事な情報を受けとることができました。

先日の件では、確かに最後まで責任を果たしていなかったこと。一方、課長は自分のことを「慎重でミスが少ない」と評価していたこと。どうでもいい相手や、言ってもムダと思っている相手に批判をする人はいないのです。実際、課長はD子さんに対して、スケジュール管理というういわば片腕の役目を期待していたのですから。

あのまま終わっていたら、D子さんは「私はダメなんだ」と思い、課長との関係も気まずいものになっていたでしょう。

「書類のこと、すみませんでした。責任を果たしていないという意味が、よくわかりました」

D子さんはまず課長にあやまったあと、今後について申し出ました。

「会議については何か表を作って、スケジュール管理をします。ただ、それ以外の分野は、どうやって把握すればいいか自信がないんです」

課長は了解し、午後の定例ミーティングでは、課内のスケジュール管理の分担について話し合いが行なわれたのです。

D子さん、よくやりました。大奮闘でしたね。

❺デッドボールには抗議

批判の中には、この例のように何かを改善したいという目的をもった指摘もあれば、明らかに不当な批判もあります。

次のような批判は、いわばデッドボールですから抗議すべきです。

・人格をあげつらって非難する（あなたみたいなダメな奴、顔も見たくない）
・感じ方や信条を否定する（そんなふうに思うなんて、君はどこか変なんじゃないか）
・性別・年齢・出身・容姿などでレッテルを貼る

たとえば、「女のくせに……」と言われたら、「女は○○だって決めつけないでください」「セクハラですよ」と反論していいのです。

その他不当な批判には、「それはちがいます」ときっぱり否定したり、「私が○○だとおっしゃるのは、具体的に、いつの、どんなことを指しているのでしょうか？」と問いただしてもいいでしょう。

批判を上手に受けとめるコツ 5

1. 相手をさえぎらずに聞く
2. 相手に確かめる
3. 気持ちを口に出す
4. 話し合って問題解決
5. デッドボールには抗議

3

家族の言葉がグサッとくるとき

今回は、さらにやっかいな「身内からの批判」に挑戦してみます。

何がやっかいかというと、家族間ではつい感情的になって、批判のタブーである「人格攻撃」が起こりやすいこと。目の前の具体的な問題ではなく、長い間に積もり積もった不満が批判となって出ることも多いのです。批判を受ける側も感情的になりやすい。第三者から言われたらそれなりに冷静に聞けることでも、家族が相手だと、つい反論したくなりがちです。

このように難しい条件がそろっているので、一番バッターは頼もしいE子さんにお願いしましょう。アサーティブの講座に出て、人間関係にだいぶ自信がついたそうです。

「でも家族となると難しいんですよね……」とつぶやくE子さん。

今、気になっているのはどんなことでしょう?

……E子さんは母親から、ことあるごとに「あんたはだらしない!」と非難されてきたそうです。かつては「どうせ私はだらしないわよ!」と逆ギレしていたのですが、最近では無視して聞き流すようになっていました。

が、聞き流そうにも「本当にだらしないんだから……お父さんとそっくりだし……」と嘆きが延々続くので、結局は「いい加減にしてよ」と会話を打ち切るしかなくなってしまうのです。そのたび、お互いイヤーな気分になるのでした。

❶ 具体的に聞く

そこで今度はE子さん、はっきり聞いてみることにしたのです。

「お母さん、私のどこがそんなにだらしないの？　お母さんとしては、どこをどう変えてほしいと思ってるの？」

母親は初めての質問にびっくりし、モゴモゴと口ごもった末に言い出しました。

「夕飯をうちで食べるかと思って待ってれば帰ってこないし、仕事もすぐに変わったり、本当に何考えてるんだかわからないところがお父さんそっくりじゃないの……。小さい頃だって、あんたはちっとも部屋を片づけやしないし……今だって食べたら食べっぱなしで、めったにお皿洗うわけじゃなし、本当に世話ばっかりかけて……。お父さんだってお父さんだよ、いつだって勝手なことばっかりして……」

おやおや、何もかも一緒くたになって出てきましたね。E子さんのことやらお父さんのことやら、おまけに昔のことまで……。

E子さんは内心「これだからイヤなのよ！」と言いたいところを、ぐっとこらえて事態の整理に乗り出します。

「あのね、お父さんのことや昔のことは、ちょっと置いといてほしいの。お母さんは私に、今、どうしてほしいと思ってるのか、知りたいの」

「だから……だらしないのを直してほしいんだよ。いつもそう言ってるじゃないか。それをあんたはちっとも聞きもしないで……。お父さんだって同じだよ。私が口をすっぱくして……」

❷ 相手の望みを確認する

「お母さん、私の全部がだらしないと思う？ 私はどこからどこまでぜーんぶ、だらしないダメな人間なの？」

「……いや、そんなこと言ってるわけじゃないよ。別にそんな」

「じゃあ、どこをどうしてほしいと思ってる？ 夕飯を食べるかどうか、きちんと知らせてほしい？ 食べた後でお皿を洗ってほしい？」

「そうだよ」

「わかった。じゃあ、夕飯のことはきちんと連絡入れるようにする。外で食べて帰るときは、早めに電話を入れるから」

「だけど、うちで食べるときだって、何時に帰ってくるんだかわかりゃしないじゃないの……」

「急な仕事で遅くなるときは電話するから、お母さん待っていないで先に食べて。それから、夕ご飯の後は私がお皿を洗う。でも、すごく疲れているときはお母さんにお願いしてもいい？」

「いいよ」

❸ 気持ちを伝える

こうやってE子さんは、漠然とした批判を具体的な問題に整理して、自分のできることを提案しました。これで一応解決したわけですが、何かまだ気持ちのモヤモヤが残ります。その気持ちを伝えることにしました。

「お母さん、私のこと、だらしないって言わないでほしいの。そう言われるとすごく悲しくなるから」

「わかったよ。だけど仕事を変わるのだけは……」

おやおや、もう一つの話題が出てきました。E子さん、仕事のことに関しては口出ししてほしくないと思っています。自分の生き方を自分で決めるのは、大人としての権利です。

そこで、はっきり言いました。

「お母さんは心配かもしれないけど、私はもう大人なんだから自分で決めて行動するよ。仕事を変わりたいと思ったら変わる。それは、だらしないことじゃないと私は思う」

「まあ、あんたがそう言うなら……」

母親は、まだ何か言いたそうな気配でしたが、E子さんはニッコリ笑顔をつくり、サッと立ち上がりました。

「お母さん！　今日はきちんと話をしてくれてありがとう！　お互いに約束守ろうね！」

まあ、E子さん、お疲れさま！

超変化球の連続を、よくぞキャッチしましたね。

もちろん、何がなんでもE子さんみたいにやらなければ……と思いこむ必要はありません。あくまで自分に余裕があって、「よし、今日はきちんと批判に向き合ってみるぞ」という気持ちになったときでいいのです。「今は近づきたくない」という場合は、そう宣言することもできます。

❹ 批判されない距離をとる

たとえばF子さん。先月アパートを借りて親から自立したのですが、電話がかかってはガミガミ言われるので、気持ちの休まる暇がありません。今日もアルバイトから帰ってぐったりしているところへ、さっそく父親から説教の電話……。

「なんだ、やっと帰ったのか。さっきもかけたんだぞ。毎晩おまえはこんなに遅くまで……」

「お父さん。私は今日、仕事で疲れているの。悪いけど、お父さんと話せない。電話を切るね」

そしてF子さんは父親に手紙を書きました。今は自分自身のために、親としばらく距離をおきたいという気持ちをはっきり説明したのです。

実はF子さん、かつてアサーティブの講座を受けてみて、「自分は他の人みたいに気持ちをはっきり言えない」と落ちこみました。たとえ「これは不当な批判なのではないか?」と思っても「やっぱり私が悪いのでは」と考えてしまう。小さい頃に父親に繰り返し罵倒された場面が、心にひっかかっていたのです。

自分が傷ついているときに、アサーティブになれないのは無理もありません。そこでF子さん、まずは親と距離をとりつつ、カウンセリングを受けて自分本来の力を取り戻すことにしたのでした。

他にも、たとえば夫から言葉の暴力を受け続けている場合、それを批判と考えてアサーティブに対処しようとしても無理があります。言葉の暴力の渦中に身を置いていれば、力が奪われ、気持ちがすくんでしまって当然。まずは、自分自身を立て直すための援助を受けることが必要です。

❺ 相手の気持ちをくみとる

次は、G男さんです。結婚して十五年。このところ、妻から山のような批判が飛んできて閉口しています。

「私がどれだけ大変な思いをしてきたと思ってるの！　店の経理だって全部やってきたし、あなたはバイトの子の面倒だってみやしないし、子どものことだって何もしない、こっちはあなたがグーグー寝てる間にも帳簿つけしてるのに……。あなたは何よ。お皿ひとつ洗うわけじゃない、私が忙しくしてたって、いつものんきにごろごろしてばっかりじゃないの……」

G男さんはどう対処していいかわからず、妻の話をさえぎって「なんなんだよ、ぐちぐちうるさいなあ」と、横を向いてしまいます。妻の批判はあちらからこちらへと飛び火し、最後には「あなたは私の気持ちなんか、ちっともわかってない！」「こんな人と一緒にいるのはもうたくさん！」。

G男さん、妻の批判の裏にある気持ちはなんでしょう？　さえぎったり反論せずに、いったん耳を傾けてみませんか。聞いてみてもわからなければ、「何をそんなに怒っているんだ？」「何が問題なのか、もう一度教えてくれ」と質問すればいいのです。

「……そうか。おまえもずいぶん大変だったんだなあ」

G男さんがそう言うと、妻の険しい表情が緩みました。伝えたかったのは「私がこれだけ大変な思いをしているのに、あなたはちっともわかってくれない」という気持ちだったのです。

家族間では、長年の感情をためこんだあげく、批判となって噴出することが多いもの。あれもこれもと投げつけられる批判のすべてに応えなければと考えると、イヤになって耳をふさぎたくなります。むしろ「相手は何を一番訴えたいのか」に注目し、「こういう気持ちなんだね」「これが言いたいんだね」と確認することで、話し合う糸口ができることが多いのです。

そして、その中からほんの些細なことでもいい、対処できそうなこと、譲れそうなことを見つけて提案します。

G男さんは、こう言いました。

「たまには、お皿ぐらい洗うか」


H子さんの場合も、同じコツが役立ったようです。ある日、母親が電話してきて、嘆き始めました。

「お姉ちゃんはいつも心配してうちに寄ってくれるのに、あんたはどうしてそう冷たいの？　自分のことばっかり考えて、親のことなんてどうでもいいと思ってるんでしょう」

ふだんなら、「どうしていつもお姉ちゃんと比べるのよ」「お母さんのこと、どうでもいいと思ってるわけないでしょう」と反論を始めて、話が延々続いてしまうところ。今日はこんなふうに言って電話を切りました。

「お母さん、私があんまり顔出さないからさびしいのね。仕事が忙しくてなかなか行けなかったけど、来月には行けると思うから。待っててね」

次はI子さん。残業から帰宅すると家の中はぐちゃぐちゃ、子どもたちは暴れ回り、夫はふてくされたように寝ていました。その夫がむくっと起き上がると子どもを指さして言います。

「夕飯も食べてないんだぞ。親だったら親らしくしろよ。仕事仕事って遅く帰ってきて！」

思わずこう言いたくなります。

（あなただって親でしょ！　そっちが早く帰ったんだから、子どもの世話でもしなさいよ！　第一、本当は自分がお腹すいて腹立ててるくせに、子どもをだしに使って！）

でも、相手と同じ調子で応じたら、争いがひどくなるだけ。

I子さんは深呼吸して気持ちを切り替えました。

「あなたもお腹すいてるのね。早く作りましょう。私すぐ取りかかるから、テーブルを片づけてくれない？」

身内からの批判に傷つかないコツ 5

❶ 具体的に聞く

❷ 相手の望みを確認する

❸ 気持ちを伝える

❹ 批判されない距離をとる

❺ 相手の気持ちをくみとる

4

ムカッときたときの対処法

アサーティブの講座で「怒り」を扱う場面では、かなり難しい課題を考えつく人が多くて、どうやってロールプレイの設定をするか、悩んでしまうこともあります。というのも、多くの人が長年抱えてきた怒りをどうにかしたいと思っているのです。

ためこんだ怒りは、いざ出そうとすると何十年前までさかのぼって相手を責めることになりかねません。今の相手に対して「具体的にどうしてほしいのか」も浮かばなくなっていいます。だからアサーティブに伝えようにも非常に難しいのです。でもどうして、そんなにためこんでしまうのでしょう。

おや、ここにも怒りをこらえている人が……。

J子さん、どうしました?

❶ 怒りを伝えていい

事情はこういうことでした。

一週間ほど前に、親しい友人から電話があったそうです。「会社をやめたくて悩んでいる。次のあてがないのに退職するのは不安だし、どこか使ってくれるところはないかなあ」というので、J子さんは「調べてみるね」と答え、一生けんめい周囲をあたったのです。

可能性のありそうな所が見つかって、友人の携帯に留守電メッセージを入れました。友人から電話がないので今度は携帯にメールして情報を知らせました。でも数日しても何も言ってこない。どうなったかなと気をもんで、二回ほど携帯にメールを入れました。

すると昨日、友人が電話してきていきなりこう言ったそうです。

「こんなに何回もメールしてきて、しつこいんじゃない？　まだ会社やめるって決めたわけじゃないのに、勝手に話をすすめないでよ」

J子さんはあまりのことに唖然としたまま早々に電話を切ったのですが、それからだんだん腹が立ってきて、一晩ろくに眠れなかったとか。けれど、友人に向かって「ひどいじゃない」と言ったら関係がまずくなってしまうのではないか、相手にも事情があったのかもしれないし怒るのは大人げないのでは、こちらも確かにしつこかったのかもしれない、私が心配性だからいけないのかな……と、あれこれ考えて身動きがとれなくなったのです。

ムカッとくることがあっても、その感情は「表現してはいけないもの」だと考える人は多いようです。特に女性には、その傾向が大きいと思います。

でもJ子さん、このまま気持ちを抑えていたら、どうなるでしょう？

気持ちのわだかまりがどんどん膨らんで、その友人とはつきあいにくくなるかもしれません。自分のどこが悪かったんだろうと思い悩んで落ちこんでしまうかもしれません。

J子さんは友人にきちんと話すことにしました。でも、どう話そうかと考えただけでドキドキしてくるのです。

❷ 正論でなく気持ちを言う

まず、予行演習です。J子さん、最初はこんなふうに言いました。

「昨日の電話のことなんだけど、もともとはあなたが頼んできたことでしょう。本当だったら、調べてくれてありがとうってすぐに電話してくるべきじゃない。それをどうして、私が悪いみたいな言い方するの。あなたの態度は間違ってるし、誰だって怒って当然だと思うわ。なんであんな言い方したのか言ってみてよ。そうでないと私、もうあなたとつきあえないから」

ちょっと待って……J子さん。そうやって責められたら、友人はどんなふうに感じるでしょう。

「どうしてあなたは○○したの」「あなたの態度は間違ってる」「誰だって怒って当然」と言うのは一見正論のようですが、実は理屈を動員して怒りをぶつけているのと同じ。むしろ「私は怒っているの」と自分の気持ちを素直に言葉にしてみましょうよ。

　では再び挑戦です。

「昨日電話があったとき、私、とてもショックで、自分の気持ちがよくわからないまま電話を切ってしまったの。そのあとすごくモヤモヤして、要するに怒っているんだってわかった。少しでも役に立とうと思って一生けんめい調べて、きっと喜んでくれると思ってたのに、しつこいって言われてすごく悲しくて腹が立って……」

　気持ちが言葉になってきましたね。J子さんは思い切って友人に電話します。

　結果は……？

　友人はJ子さんが話すうちに、自然に「ごめんねー」とあやまりました。そしてこんなふうに言ったのです。

「話が具体的になってみたら、会社をやめる決心がつかない自分に焦っちゃったの。J子に電話しなきゃと思うのに、今さら迷っている自分がみっともないし、紹介してくれた人に電話もしてないし……メールが来るたび自己嫌悪になって、それでJ子に八つ当たりしたの。どうしようって後悔してた」

　J子さん、それを聞いてストンと気持ちが納得しました。

「そうだったんだ。私も先走って悪かった。今度は、ちゃんとあなたの気持ちを確かめてから話をすすめるね」

「ううん、こっちこそ悪かったわ。私が頼んだんだもの。決心がつかないって早く連絡すればよかった」

J子さん、よくやりましたね。今回は、その場で言わずに一晩悩んだのも結果的にはよかったのです。気持ちの整理がついたからです。

怒りで頭にカーッと血がのぼっているときは、それが言葉として整理できるまで待ってから伝えましょう。混乱しているまま話そうとすると、感情が爆発してしまう危険があります。相手を傷つけるようなことを言ってしまったり、どちらが正しいかをめぐって言い訳合戦が始まるかもしれません。お互いを責めて関係がこわれてしまう危険も大きくなります。

気持ちを整理するためには、自分が何を感じているのか、なぜそう感じているのかをノートに書いたり、第三者に話してみたりするのが役立ちます。

❸ イライラはどこから？

怒りは、重要なことを教えてくれるサインです。怒りがわいてくることによって、自分や他の誰かが不当に扱われていることに気づいたり、大事な権利が侵されていることに気づいたりするからです。だから、怒りは「よりよく生きる」ための行動を起こすエネルギーにもなるのです。

ただし、別の背景をもった怒りもあります。「何かが自分の思い通りにならないことへの不満やイライラ」です。J子さんの友人の「しつこいんじゃない！」という電話も、その例ですね。

そこで次にK子さんの場合をみてみましょう。中学生の息子が期末試験を来週に控えているのに、ちっとも勉強している気配がありません。これはいつものこと。試験前になるたび、K子さんは怒りを爆発させてきたのです。

「勉強もしないで、どうしてそんなにのんきにしてるの！　後で困るのは自分でしょ！ちゃんと考えなさい！」

「考えてるよ。大丈夫だってば」

「考えてないじゃないの！　大丈夫じゃないから言ってるんでしょう！」

K子さんは、この怒りの奥にどんな気持ちがあるのか探ってみました。それは、息子が自分の期待通りに行動しないことへのイライラ。そして、なぜそのイライラが生まれるかというと、自分自身が心配だったから……。

そこで今回は、気持ちをそのまま言うことにしました。

「お母さん、なんだか心配でたまらないのよ。そんなにのんきにしていて来週の試験、大丈夫なの？」

「そんな心配しなくていいってば。大丈夫だからさ」

「大丈夫って言われても、お母さん、心配性だから、あれこれ言いたくなっちゃうのよね……ちゃんと試験のこと考えてる？」

「うん。俺は俺なりにちゃんと考えてるからさー」

そこでK子さん、危うく「考えてないから心配なのよ」と言いそうになったのですが、こらえました。相手は考えていると言っているのですから。

「わかった。あなたなりにちゃんと考えてるのね。それを信頼するわ」

なんだか後ろ髪引かれる気分のK子さん。でも、怒りをぶちまけていた自分よりもいいかなーと、ちょっぴり満足したのです。

❹問題を特定して話す

次はL男さん。一緒に仕事をしている後輩を、しじゅう怒鳴りつけるハメになっています。

「なんでそんなに段取りが悪いんだよ！　これじゃ間に合わないじゃないか」

「そんな連絡、来週でもいいんだから、この書類を先に仕上げてくれなきゃ。何回言ったらわかるんだ、君はまったく！」

……そんなことの連続ですが、後輩は言われるたびにすくみあがり、段取りがつかめないまま、最後はL男さんが一人必死になって後輩の分をフォローするというパターンが続いているのです。

L男さん、今日もなんだか爆発寸前の表情をしていますね。例のごとく、今月末までに仕上げなければならない仕事があるのに、後輩の作業が遅れている気がして見ていられないのです。

L男さんの怒りは、相手が自分の思うように動かないことで、現実として支障が出ていることからきています。また同じ事態に陥るのではないかという不安が、怒りを呼んでいるのです。

さあ、L男さん、相手を罵倒する前に深呼吸して。自分の気持ちと、具体的にどうしてほしいのかを、後輩に言ってみましょう。

「今度の納期は今月末だよな。ちゃんと間に合うように進んでるのか気になって仕方ないんだよ」

「すみません……。いつも遅くて」
「いや、納期までどういう段取りで進める予定か、君のほうの見通しがわかれば安心できるんだ。こっちもいろいろ動き方があるからさ。今日中に作業の予定を書き出してみてくれないかな」

後輩の書き出した予定をもとに、二人の分担を再度話し合うことができました。これでようやく、チームを組んで動けるようになったのです。

まずは一安心ですね、L男さん。

❺ 要求を伝える

もう一人は、怒りの気持ちと相手への望みをきちんと伝えたM子さんです。

M子さんは結婚して数ヵ月後、夫から財形貯蓄を解約したと告げられました。夫が経営する店のため、姑と相談した結果だというのです。M子さんは別の仕事をしていて、店のことはよくわかりません。かつて店を切り盛りしていた姑と相談するのも自然だと思います。けれど、どうにも割り切れない気分でした。一日かけてその気持ちを整理した後、夫に話したのです。

「財形の解約だけど、あなたが決めたことだから、確かにそれが一番の方法だったと思うの。でも、なんだか私、気持ちがモヤモヤしていて、はっきり言うと怒ってるの。その気持ちがこじれちゃう前にあなたに話したいんだけど、聞いてくれる?」

「今さら何か言っても無理だよ。もう解約したんだから」

「それはわかってる。私が納得できないのは、あなたがお義母さんとだけ相談して、私に言わずに決めたことよ」

「君は仕事が忙しそうだったし、お袋も君に気を遣ったんだ。それぐらいわからないのかな」

「それはありがたいと思う。でもね、私の気持ちを知っておいてほしいの。私にとっては、今の仕事が忙しいことより、私たちの家計を今後どうするのかのほうがずっと大事よ。あなたにとっては、私が生活のパートナーでしょう。お義母さんは別に住んでいるんだし、今は私があなたの家族よね。今後どうやって暮らしていくかは、二人の問題よね。だからあなたが今後の計画を決めるときは、私もちゃんと知りたいの。これからは決める前に教えて。私にとってはとても大事なことよ」

「うーん、言われてみれば確かにそうだね。独身のときの癖で、お袋に相談すればいいやと思ってたよ。そうか、これからは僕と君で決めるんだよね」

「ありがとう。わかってくれて。あなたに話してよかった」

M子さんが感じた怒りは、とても大切な感情でしたね。自分が相手との関係で何を望んでいるのか、教えてくれたのですから。気持ちをためこまずに伝えていくことは、相手との信頼関係を育てる作業でもあるのです。


ここでまとめておきましょう。

怒りは決して「悪い感情」ではありません。

自分が怒っているのだと気づくのは大切なこと。それをきちんと認めずにいると、「あなたはいけない人間だ!」と相手を責めて結果的に怒りをぶつけてしまったり、トゲトゲした態度で怒りをにじませたりしてしまいます。自分の気持ちをきちんと認めて、「私は怒っている」と言葉で相手に伝えればいいのです。

また、怒りの形を借りてはいるけれど、実は別の感情だったということもしばしばあります。

自分の気持ちに正直に向き合ってみれば、そのことに気がつきます。もしも相手に伝えるならば、怒りではなく本当の感情を言葉にするべきです。たとえば、不安だ、焦っている、自分はこれでいいのかと迷っている、あなたにこうしてほしいと願っている、などなど。

単にムシャクシャしているだけのときもあります。たとえば試験がうまくいかなかったとか、遅刻しそうなのに財布が見つからず必死で探しているうち家具の隅に足を思い切りぶつけてしまったとか……。こんなムシャクシャを誰かにぶつけるのはルール違反。深呼吸したり、体を動かしたり、枕を叩いたりして自分で解消しましょう。

実は、もうひとつ別の怒りもあるのです。

それは、積もり積もった恨みの感情や、悲しみを底に秘めた怒り。こうした感情は、爆発させると自分や相手を傷つける結果になります。アサーティブに伝えようと思っても、おそらく無理。まずはカウンセリングなどで気持ちを整理しましょう。自分の気持ちが言葉になるのを待って、その上で具体的に相手に言いたいことがあるのなら、アサーティブな伝え方を練習すればいいのです。

相手に向かって表現しても安全な怒りの条件とは、「具体的な一つのできごとにしぼって、言葉で説明できる（視線や動作でなく）範囲のもの」です。

ぜひ、覚えておいてください。

怒りを上手に相手に伝えるコツ 5

❶ 怒りを伝えていい

❷ 正論でなく気持ちを言う

❸ イライラはどこから？

❹ 問題を特定して話す

❺ 要求を伝える

5

ノーと言って、境界線を引くには？

誰かの頼みごとに「ノー」と言うのは難しいもの。

断わったら相手を傷つけるのではないか？　私が嫌われるのではないか？……

と、躊躇してしまいがちです。

けれど断わりにくいからという理由で「イエス」と言ってしまうと、ずるずる後回しにして、結局は相手に迷惑をかけてしまう場合もあります。あるいは、自分ばかり無理をしている気分がつのって、相手との関係が負担になってしまうことも。ノーを言えずにいたばかりに、相手がどんどん甘えて頼ってくることだってあるのです。

たとえばN子さんの場合は……。

❶ その場で答えなくてもいい

「久しぶり！　そういえば娘さん、受験どうだったの？　……わあ、よかったね。第一志望合格したんだ。これでN子もひと安心ねー」

高校時代の同級生から電話です。

「それじゃあ、お祝いも兼ねてまた遊びに行こうかなー。最近ストレスたまってるのよ。来月まとめて休みをとろうと思って。もう沖縄は泳げるんでしょ？　N子の顔も見たいし、いろいろ相談したいこともあるしねー。だって聞いてよ、うちの部長ったらさー」

どんどんまくし立てられて、N子さんは「うん」「そう」と相づちを打つのがやっとです。

「……二十日から四日ぐらいお世話になっていい？　そっちの仕事は？……それなら二十六日ならどう？……おみやげ買ってくね。娘さんにも、合格祝い何がいいか、聞いといて！」

「うん」と言って受話器をおいたN子さん、釈然としない顔です。

こうやって相手がどんどん話を進めてくると、ついそのペースにはまってしまうものですよね。

なんだか気持ちがモヤモヤしたときは、「今は答えられない」「考える時間がほしい」とタイムを出したり、「もう少しくわしく教えて」と判断の材料をもらえばいいのです。

N子さんも「ちょっと待って。もう一度予定を考えてから連絡するから」と言えればよかったのですが……。

❷ 体のサインをつきとめる

N子さんが夫と一緒に沖縄に移ってからというもの、この友人がちょくちょく遊びに来ていました。N子さんの夫はお客好きだし、娘の受験も終わったし、別に来てもらっても困らないのですが……。
　でもN子さん、そのため息は？
　体が何かに対して「ノー」と言っているのではありませんか？
「何となくイヤ」「気が向かない」というサインは、まず体に現われるものです。動き出す気分になれない、伏目がちになる、姿勢が固くなる。そんなサインを無視せずに、まずはそのまま感じてみましょうよ。
　そして何に対して「ノー」なのか、はっきりさせましょう。これをアサーティブ・トレ
ーニングでは「課題のしぼりこみ」といいます。N子さんは心の中で、こんな会話をしま
した。
「あの人が嫌い？……そんなことないわ。話していて楽しいし、長年の付き合いだし、大
切な友だちだもん」
「要求に無理がある？……日程に不都合はないはず。ちょうどその頃なら私の仕事も休み
がとれるし」
「言い方がイヤ？……でも、いつもあんな調子の人だし、そこがあの人の楽しいところで
もあるのよ」
　そうやって考えるうちに、わかってきました。一度や二度なら大歓迎だけれど、何回も

になると「またなの？」という気分なのです。甘えすぎじゃない？　でも断わる理由がない。だからついOKしてしまうけど、イヤだと言えない自分が情けなくなる……。

N子さん、要するにノーと言いたいんですね。では、どうしましょう？

気持ちはノーだけれど、一度引き受けたのだから、モヤモヤを振り払って歓迎する、という選択もあります。

一度はOKしたけれど、思い直して断わる、という選択もあります。

体がノーと言ったとき、相手に対する答えは「イエス」でも「ノー」でもいいのです。ただし、自分の言葉には責任を持って、イエスならイエスの行動をとり、ノーならノーの行動をとることが肝腎です。

N子さんは、「ノー」を選ぶことにしました。「イエス」の選択は、今までにも散々やってきたから。もう無理はやめよう、「私がしてあげるのはここまで」と境界を引こうと考えたのです。

ノーは、自分にも相手にも誠実でいたいからこそ使う言葉。

相手といい関係を保ちたいからこそ、「何ができて何ができないか」を理解してもらうことが必要なのです。

❸理由は簡潔に

いざ断わりの電話をかける段になって、N子さんは頭を抱えました。

急に仕事が忙しくなったと言う？

体調が悪いからと話す？

そんな言い訳をこしらえても「じゃあ、一ヵ月延ばすわ」と言われたら断わりきれません。でも友だちづきあいは続けたいから「もう来ないで」なんて言いたくないのです。

それならN子さん、友人が遊びに来るという四日間、本当はどんなふうに過ごしたい？

そこで気がつきました。N子さん自身もゆっくりしたかったのです。どうせ休みをとるなら、家でゴロゴロしたい。少しは片付け物もしたい。友人がやってきて、もてなす側になったら、ゆっくりなんてできません。もちろん一日ぐらいなら、彼女と会うのはすごくうれしいけれど……。

N子さん、気持ちがはっきりしてきましたね。そのまま話してみたらどうでしょう？

では練習をどうぞ。

「この間は久しぶりに電話くれてありがとう。二十六日から来るって言ってたでしょ。それで、私もこの春は娘の受験もあっていろいろ大変だったし、それからずっと仕事も忙しかったの。ここにきてようやくのんびりできるようになったところなのよ」

おやおや……。N子さん、その調子だと、こんな友人の声が聞こえそうですよ。

「ちょうどいいじゃない。一緒にのんびりしようね！」

理由だけを長々と述べ立てると、要するに何を言いたいのか、相手には伝わりません。簡潔にいきましょう！

「この間の電話のこと、考え直したの。私もずっと忙しかったから、休みがとれたら家でゆっくりしたいし、片付けものもしたいのよ」

❹ 結論まではっきり

さて、友人はどう答えたでしょう。

「いいじゃない。大丈夫、私が行っても気を遣うことないわ。勝手知ったるなんとかで、適当にやるから。片付けものも手伝ってあげるよ」

おやおや。断わるときは、理由だけで終わらずに「……だから、私は○○したくない」というように、最後まで言い切るのがコツですよ。N子さん、もう一押し！

「家で一人でゴロゴロしていたい気分だから、今回は悪いけど宿泊はお断わりするわ。あなたなら気心は知れてるけど、もてなす側ってやっぱり気を遣うものなの。その代わり、近くのホテルに泊まるのはどう？　私もあなたの顔は見たいし、一日ぐらいなら喜んでつきあうから」

断わるだけでなく、代案も出したのはさすがですね。友人の答えは、意外なほどあっさりしていました。

「そうか……ごめんごめん！　いつも泊まらせてもらって、世話ばっかりかけてたよねー。ホテルもいいわね。ちょっと予算考えてみるわ」

数日後、友人から再び電話があり、インターネットで見つけた素敵なホテルに予約をとることにしたとのこと。二人はあれこれ計画して盛り上がり、一日はビーチで一緒にのんびり過ごして、別の日にはホテルで会って夕食をすることに。N子さんは、今から休暇が楽しみになっているのです。

❺ こんなコツも覚えておこう

はっきりノーと言うには、他にも大切なコツがあります。

①ボディランゲージに気をつける

気まずさを隠そうとしてニコニコ笑ったり、ことさらに甘えた口調で「でもー、いやですぅ」なんて言うと、伝えたい内容を帳消しにし、相手を混乱させてしまいます。断わるからには表情も内容にスッキリ一致させましょう。

②相手の気持ちに責任を負わない

あなたがノーと言ったことで相手はがっかりするかもしれません。「残念だ」「やってくれると思ってたのに」と言われたら、その言葉には耳を傾けましょう。「そうだね、がっかりさせたみたいだね」と言うのはいいけれど、相手の感情に責任を感じて何とかしようとする必要はないのです。

③さっと立ち去る

断わった後ろめたさから、いつまでも相手と話し続けていると、「そんなに困っているんなら、少しは手伝いましょうか?」など、不本意な妥協をすることになりかねません。相手に無駄な期待を抱かせないためにも、すぐに立ち去るか、別の話題に移ることです。

ノーと言ってはいけない、と思いこんでいる人は多いものです。アサーティブ・トレーニングの場でも、過去の場面に立ち戻ってノーと言いたい、という人がかなりいます。

O子さんは、かつて高校の文化祭でブラスバンドの助っ人を頼まれたときのことをテーマにしました。彼女は陸上部だったのですが、中学時代のブラバン仲間から「人が足りないから」と頼まれて、断われなかったのです。

結局は陸上の練習に追われ、当日の舞台では失敗ばかり。恥ずかしくて、情けない思いをしました。だから今回の練習で、はっきり言ったのです。

「陸上と両立できないから断わる」

相手役は食い下がりましたが、O子さんは言い切りました。

「私は、二股かけるの苦手なんだ。陸上の練習は大事にしたいし、できないことを引き受けて情けない思いをするのはイヤだから、断わる」

言ってみたら、とてもスッキリしたそうです。「自分の考え方はこれなんだ」とはっきりし、「今だって、それでいいんだ」と思えたからです。

次のP男さんは飲み会に誘われるたび、「仕事が終わったら行く」と答えていました。忙しくて何時に終わるかわからず、疲れているときも。「まだ来ないんなら、このへんで解散するよ」と電話が入ることも度々でした。アサーティブ・トレーニングに参加して初めて、自分が断われないために皆を待たせていたのだと気づいたのです。

「何時に仕事が終わるかわからないから、今日は行かれない」

そう言ってみて、なんだ、それでよかったんだ、と思ったそうです。

Q子さんは、「夫が会社をやめて自営業を始めると話したとき、本当はイヤだと言いたかった」という場面をテーマにしたいと考えました。

大きなテーマですね。それではQ子さん、あなたは夫に対して、具体的に何を望んでいるのでしょう？……そうやって「課題のしぼりこみ」をやっていった結果、Q子さんは大切なことを発見したのです。

あのとき、「私はイヤ」と言いたかったのに言わなかったから、夫婦の間にしこりが残った気がする。でも、会社をやめないでと要求したかったのじゃない。自分の不安をきちんと言って、二人で話し合いたかったんだ……。

今からでもそれはできる、ということにQ子さんは気づきました。率直に話し合えない二人の関係に、Q子さんはノーと言っていたのです。

ノーという気持ちは、たくさんのことを教えてくれますね。

ノーと言うときのコツ 7

❶ その場で答えなくてもいい
❷ 体のサインをつきとめる
❸ 理由は簡潔に
❹ 結論まではっきり
❺ ボディランゲージに気をつける
❻ 相手の気持ちに責任を負わない
❼ さっと立ち去る

6

プラスの気持ちを伝えよう！

誰かにほめてもらうというのは、いいものですよね！

プラスの気持ちというのは、お互いを近づけます。

これまで扱ってきた、「断わる」「交渉する」「批判を受ける」「怒りを伝える」……などの方法も、よりよい関係を築くために欠かせませんが、お互いが近づいて関係を育てるためには、勇気をもって一歩前に出ることが必要です。

つまり、「あなたのここがいいね」とほめたり、「こんなところが好き」「ありがとう」というプラスの気持ちを伝えること。

実はこれ、意外と難しいのです。でもそのコツを紹介する前に、ちょっとR子さんに登場してもらいましょう。アスク研修室での講座の、素敵なひとこまです。

❶ 言葉にして初めて伝わる

R子さんは夫と一緒にアサーティブ・トレーニングの講座に出ました。夫に言いたいことやわかってほしいことは数々あったのですが、気持ちの「しぼりこみ」をするうち、自分の一番の望みに気づきました。それは「愛していると言ってほしい」だったのです。

さあ大変なことになりました。

夫は「そんなことをわざわざ言う男はいない」と後ずさったあと、それでも必死で何か言おうとするのですが、言葉になりません。でも何度かやってみるうち、ついにこんなふうに言いました。

「本当にいつもよくやってくれて……助かっているし……ありがとう……大好きだよ」

R子さんは恥ずかしそうにしながらも、表情を輝かせました。夫は今までずっと「俺を助けるのがおまえの役目だ」という態度で、R子さんにしてみれば放っておかれているようで、悲しかったのです。「ありがとう」「大好きだ」という言葉で、長い間のモヤモヤが解消したそうです。

日本人は、「愛している」なんて口に出す習慣がほとんどありません。夫婦の間で「大好き」「君がいてくれてうれしい」なんて口に出すことも、あまりないかもしれません。それどころか相手がお茶をいれても「ありがとう」の言葉さえ出なかったりします。

プラスの気持ちを表現することに、慣れていないのです。だから照れくさいし、「いちいち言わなくてもわかっているだろう」という態度になります。でも、そんなことはありません。プラスの気持ちは言葉にすることで相手に伝わるのだし、自分の中にもしっかり根づくのです。

❷ほめ言葉のコツ

プラスの気持ちを生き生き伝えるためには、「表現力」を磨くことが必要です。さっそくやってみましょう。

S男さんは、いつも仕事ぶりに感心していた後輩をほめてみました。

「君は女なのに、仕事ができてうらやましいなあ。僕なんて、いつもとろくて困ってるのにさ」

後輩は内心、女だから何？　と思いつつ、「とろいなんて、そんなことないですよ」とS男さんを慰めるはめに。……おやおや、ちっともほめたことになりませんでしたね。

T子さんは同僚をほめてみました。

「あなたって、いつもハッキリしてて すごいよねー」

言われた相手は「そう？」と答えながら、ひょっとして皮肉かしらと身構えました。

相手をほめる場合には、コツが二つあるのです。

①具体的に言う

「あなたっていい人」よりも「昨日、私のことフォローしてくれてありがとう。すごく助かった」のほうが、言われた人はうれしいでしょう。

「君は仕事ができる」よりも「こんな難題をよく切り抜けたね。実にいい発想だ」のほうが、何を評価されたのかはっきりわかります。

「センスいいわ」よりも「スーツ姿も素敵だけど、今日のラフな格好、とてもあなたに似合ってる。そのシャツの色なんか、いいじゃない」と言われたらうれしいでしょう。

②比較や先入観なしで

「さすがね。私にはとてもできない」というふうに自分を下げた言い方や、「あいつはいい加減だが、君のことは信頼しているよ」のように他の人と比較する言い方をすると、相手は素直に受け取れません。

また、「若いのにしっかりしている」「男の割に細かいことによく気がつきますね」など年齢・性別・立場などによる先入観を前提にした発言は、プラスの気持ちが伝わりにくくなります。

❸ぎこちなくても、とにかく練習！

T子さんは、今度は夫に言ってみました。

「いつも遅くまで働いてくれて、ありがとう」

ところが夫の反応は「何言ってるんだ、仕事なんだから当たり前だ」。がっかりです。この人は、どうせ何を言っても曲解する。ほめたって無駄だ！

まあまあ、T子さん、最初は何事も練習です。いつもと違うやり方をしてみたんですから、できた自分を発見するだけでも素敵じゃありませんか。

慣れていないことをするには勇気がいるし、最初はお互い、どうしてもぎこちなくなります。

ですから講座では、目の前にいる相手をとにかくほめる、という練習をします。どの人も必死で、髪から洋服から靴から、果てはその人が持っている手帳やらペンまで、手当たり次第にほめます。ほめられたほうも、赤くなって照れるやら困り果てるやらで、なかなか大変です。

次に、席を立ってほめたい相手のところへ歩いていって声をかけるというゲームをします。名づけて「ほめほめ探偵団」。

自分から誰かに近づいていくというのは、とてもドキドキするものです。それに、「あの人にこれを伝えたい」という、自分の中にわきあがってくるプラスの気持ちをキャッチすることが必要になるのです。

T子さんは、息子の部屋をのぞいたらめずらしく一心不乱に勉強していたので、うれしくなって言いました。

「あら！　勉強してるのね。なんだかお母さん、ホッとしちゃった。つい心配してうるさく言っちゃうけど、やるときはやるんだ！」

「そりゃそうだよ。なんだよ母さん、はしゃいじゃって」とむくれ顔をつくった息子ですが、ちょっぴりうれしそうでした。気持ちをそのまま言葉にすると、相手の心もほぐれるもの。

ただしT子さん、「その調子で明日もがんばるのよ！」なんて続けないことです。プラスの気持ちを伝えるときは見返りを求めないこと。相手を期待通り動かすのが目的になったら、ほめ言葉は単なる「おせじ」に変わってしまうから。「毎日勉強してほしい」なら、次の機会にきちんと気持ちを伝えましょう。「私はあなたに、毎日勉強してほしいなと思っている」と。

❹ほめられたら素直に受けとる

T子さんの息子もそうですが、ほめられることが苦手な人は多いもの。これもやはり、慣れていないからです。

洋服をほめられると、「お古なのよ」「安かったの」「たまたま着てきただけよ」なんて答えていませんか？　能力や手腕をほめられると「そんな大したことありませんよ」「あなたこそ」と言ったりしませんか？　あるいは照れたり相手の真意を探りたくなったりして、「ダメですよ、そんなこと言っておだてても」なんて返していませんか？

相手にしてみたら、自分の感覚を否定されたり、気持ちを受けとってもらえなかったことになります。

U男さんもずっとそうやってきたのですが、やり方を変えてみることにしました。

「そのネクタイ、素敵ですね」と言われて「いやいや、そんなことないよ」と言わずに「や、ほんと？　ありがとう」。相手もニッコリです。

「この企画書、いいじゃないか」という上司の言葉にも、自分では自信がなかったので「それほどでもないです」と言いそうになりましたが、思い直して「そうですか！　ホッとしました。実はかなり苦労したんです」。

U男さん、その調子！

ほめられてドギマギしたときは「照れちゃうなあ」と言っていいし、自分でも自慢したいぐらいだったなら「認めていただけて、ありがとうございます」「わあ、気づいてくれたんだ！　いいでしょ」と胸を張っていいし、ときには「ほめてもらって自信がつきました」「すごく不安だったから、その一言で救われたよ」「そんなふうに言ってもらうと、すごくいい気分！」と、ぐっと心を開いてもいいのです。

気持ちをブロックせずに率直に口に出す練習をしていくと、表現力がつきます。それは、自然と人をひきつけるものです。あなたも今日から、プラスの言葉を口にする練習をしてみませんか。一歩前に出ることは、アサーティブになる近道なのです。

❺ 自分をほめよう！

自分にも、プラスの言葉をあげましょう。今からさっそく、練習のつもりでやってみてください。

大事な親友に言ってあげるようなつもりで、あなた自身に対するほめ言葉を考えてみま

す。たとえば、

・性格や内面のこんなところがいい

・容姿のこんなところがいい

・こんなふうにがんばっている、よくやっていると思う

コツは、なるべく具体的にということと、人と比較しないこと。

「私の性格のいいところって、やさしいところ？　……でも、やさしくないときもあるし、○○さんに比べたら私は」なんて迷っていなくていいのです。

「友だちから、この間、あなたに話したら気が晴れたと言われた。私は聞き上手！」

「自分が納得できるまでじっくり考えるところがいい。一度決めたら、けっこう粘り強い」

「肩幅ががっちりしていて、わりと頼りがいがありそうに見える」

「苦手だったのに三ヵ月間、子どものお弁当を作った。これはすごい」

……あくまで練習ですから、遠慮せずに。

そのほめ言葉を、鏡の中の自分に向かって言ってみましょう。

プラスの気持ちを伝えあうコツ 5

❶ 言葉にして初めて伝わる

❷ ほめ言葉は具体的に、比較や先入観なしで

❸ ぎこちなくても、とにかく練習！

❹ ほめられたら素直に受けとる

❺ 自分をほめよう！

アサーティブ・トレーニングの基本

ここまで読み進んだみなさんの中には、「実際にアサーティブ・トレーニングをやってみたい」と思った方も、きっといらっしゃることでしょう。

「こじれにこじれてしまった人間関係の問題も、これですっきり解決できるかもしれない」と期待している方もいらっしゃるかもしれません。

そこで最後に、アサーティブ・トレーニングについて、ご説明しておこうと思います。

できないこと、できること

私がアサーティブ・トレーニングをやるうえで、困っていることが一つあります。

それは、講座の中でとても複雑で難しいテーマに取り組もうとする方がけっこういることです。外に講演に行ったときにも、アサーティブ・トレーニングが「あらゆる人間関係の問題に対処できる万能薬」であるかのように期待されることがよくあります。

でも、アサーティブ・トレーニングは万能ではありません。そのことはお話ししてきたつもりですが、ここで、いくつかのポイントを復習しておきましょう。

●自分にとって身近な相手ほど、アサーティブになるのは難しい！
●現実的・具体的なことを一つだけ伝えるのがコツ。
●自分が傷ついているときに、アサーティブにはなれない。→カウンセリングなどで自分本来の力を取り戻すことが先。
●家族から言葉の暴力などを受け続けてきた場合も、力が奪われてしまう。→自分自身を立て直すための援助を受けることが必要。
●長年ためこんだ感情を、アサーティブに伝えるのは無理。→カウンセリングなどで気持ちの整理を。

……こうやって並べてみると、少し輪郭が見えてくるのではと思います。
積もり積もった怒り、悲しみ、むなしさなどが存在する関係を、アサーティブ・トレーニングだけで一挙に改善しようとするのは無理です。

漠然とした願いや、どっちつかずの期待を、アサーティブ・トレーニングで魔法のようにかなえることもできません。

「職場でこんな問題が持ち上がっているのですが、誰に何を伝えれば解決するでしょうか?」「こういう状況で私はどうすればいいか教えてください」という相談にものれません。誰に何を伝えるか、自分は何をしたいかを決めるのは、あなたなのです。

……おや、読者の皆さんのがっかりした顔が目に見えるようですね。

「あれもできない、これもできないというなら一体なんの役に立つ?」

まあ待ってください。とても役に立つのです。

それは、「今までとは違った、気持ちや意見、要求の伝え方があることを知る」ことです。怒りをぶつけるのではなく、我慢して黙りこむのでもなく、間接的な方法で相手に思い知らせようとするのでもなく、「どうしてほしいのか、どう思っているのかを、そのまま言葉にする」方法です。

一番単純そうでいて、これがなかなかできないのです。だからトレーニングするわけですが、新しいことを練習するときは常に、ごく簡単な段階から始めて、少しずつレベルを上げていくもの。アサーティブ・トレーニングも同じです。ちょっと手助けがあればできそうなものに挑戦して、自信がついたら、一歩ずつ次に進んでいくのです。

ですから講座に参加されるときは、「長年のモヤモヤを解決したい」という切実な思いもあるでしょうが、まずは「新しい方法がどんなものなのか、知っておこう」という気持ちで、いらしてください。

知って、身につけることが第一の目的です。

そのためには「練習しやすい具体的な課題」を見つけることがかんじんなのです。

「行動」から入るのが特徴

アサーティブ・トレーニングは、「行動」から入るのが大きな特徴です。

「私はダメだ。どうせできない」と思いこんでいるときは、行動もそのようになります。自分の考えやしたいことがあっても、気後れして言い出せません。そうすると周囲からも「ダメな人」と思われてしまいます。それが自分に返ってきて、「やっぱり私はダメなんだ」という思いがますますふくらみます。これをくりかえすうちに、自分がどんどんきらいになり、すっかり自信をなくしてしまうのです。

そこで、「行動」を変えてみると、どうなるでしょう……?

「私にはどうせできない」と思いこんでいた人が、あるときある場面で、「やってみたらできた」という具体的な体験をします。すると、まわりからも「この人はできる」という評価が返ってきます。そうすると「私はダメじゃないかもしれない、私はできたんだから」という気持ちになってきます。こうしてちょっぴり自信がつくと、さらにコミュニケーションが変わり、周囲との関係が変わり、自分への見方も変わっていくのです。

アサーティブ・トレーニングが目指しているのは、この好循環です。

でも、やるのに適していない心の状況があります。

とても傷ついていたり、深い悲しみをかかえている場合は、「行動」を変えようとしても足がすくんでしまいます。長年の恨みや抑えられない怒りの衝動に苦しんでいるとき、自分の気持ちや望みがまったくつかめないというときもむずかしい。

そういうときは、カウンセリングなどの援助を受けて、「気持ち」を大切にケアしてあげることが必要だと思います。あわてなくても、アサーティブ・トレーニングは、ある程度気持ちの整理がついて、「一歩前に踏み出せそう」というときにやればいいのです。

状況設定からロールプレイへ

ではこのへんで、実際の講座はどのように進めていくのか、再現してみましょう。

「みなさん、ようこそおいでくださいました。セミナー中は、私のことはチャコと呼んでください。呼びにくい方は、チャコさんでけっこうです。さて今度はみなさんの番。隣の方とペアになって、自分のことを話してください。ニックネーム、どこから来たか、そして今の気持ちを聞いてもらってください。一人一分。ストップウォッチで計りますよ。一分たったら交代してくださいね。そのあと、全体で自己紹介しましょう」

ぐるりと自己紹介がすんだら、今の自分がどれぐらいアサーティブか、チェックシートで振り返ってみます。ここでにわかに顔がこわばる方も……。

「いい点をとれないとダメ、なんて思わないでくださいね。これは、講座の中でこれからどんなことに取り組むのか実感していただくためのもの。『全然できていない！　私はここにいる資格がない』なんて慌てることはありません。大丈夫です！」

シートの項目を解説したり、ホワイトボードを使いながら、アサーティブとは何か、という説明をします。

そしていよいよ、具体的なテーマに移ります。

講座の基礎編では、〈頼む〉〈断わる〉〈ほめる〉〈ほめられる〉といった項目が出てきます。応用編では、〈怒りの扱い方〉〈批判に対処する〉〈相手にまっすぐ向き合う〉などがテーマになります。

それぞれのテーマについて説明をしたあと、ロールプレイのための課題出しに入ります。実際の場面を想定して、伝えたいことを言葉にしてみるのです。どんな場面で何を伝えたいか、参加者それぞれが選ぶのですが、この状況設定がカギ。

「クリーニングから戻ったスーツのしみがとれていなかった。もう一度やり直してくれと言いたかったのに、そのクリーニング屋が何となく気難しそうで、つい言いそびれた。でもやっぱり納得いかないし、次に同じようなことがあったら、きちんと言いたい」

こんなふうに、できるだけ日常的な課題を考えるのがコツです。しょっちゅう配達が遅れる新聞屋に電話をかけて「六時までには必ず届けて」と要求するのもいいでしょう。

一方、たとえば「姑とずっと折り合いが悪くて、怒りや悲しい思いがたまっている。私がどんなに傷ついてきたか今度こそはっきり伝えて、私たち夫婦に干渉しないでと言いたい」なんていうのは、ちょっと無理です！　一番心にかかっていることを解決したい気持ちはわかるけれど、講師としてはすすめません。なぜならここは「アサーティブな伝え方とは一体どういうものか」をつかむ練習の場なんですから。くりかえしますが、つもった気持ちを吐き出して整理するためには、アサーティブ・トレーニングではなく、カウンセリングを活用してください。

同じ姑さんのことだとしても、こんな場面ならとりあげることも可能でしょう。

「家に来てもらうのはいいけれど、こちらの都合もあるので前もって電話してからにしてほしいと伝えたい」

つまり、現実的で具体的で、かつ相手に実行可能と思われることを、ひとつだけ選んだ上で伝えるのです。どんなふうに言えば率直で簡潔に、相手を責めることなく気持ちを伝えられるか、そのコツをつかむ練習をします。

「よかった点」と「改善点」を見つける

三、四人のグループを作り、交替に「行為者」「相手役」「観察者」となってロールプレイをやってみます。
最初から思った通りうまくいくことは、まずありません。途中で口ごもったり、言うことが混乱して意味不明になったり、相手役の絶妙な切り返しに言葉を失ったり。あっちでもこっちでも、赤くなって頭をかく人やうつむいて立ち往生する人がいます。

一回目が終わると、行為者が「自分のどこがよかったか」を言います。できなかったと感じても、必ずよかった点があるはず。それを見つけるのも練習です。相手役や観察者も、行為者のどこがよいと思ったか、次に改善するとしたらどこか、を言います。たとえば「声が落ち着いていてよかった」「次は、いろいろ理由を言う前に、ズバリ断わるほうが伝わりやすい」というように。

二回、三回とやると、だんだん言いたいことがスッキリした言葉になって出てきます。「そうか。これでいいんだー」といった声や拍手が湧き上がります。ワイワイガヤガヤ、盛り上がってきました。グループワークの醍醐味を感じる瞬間です。

こうやってさまざまなテーマに挑戦しながら、「こんなふうに率直にものを頼んでいいんだ」「イヤなことははっきり断わったほうが相手に伝わるんだ」と発見していくのです。

……なあんて、いかにもスムーズに進行してきましたが、実際には講師の私も参加者のみなさん同様、ドキドキしながらやっているのです。

私は魔法使いでもカウンセラーでもありません！

アサーティブ・トレーニングという「伝え方の技術」の、いわば案内役です。

みなさんと一緒に勉強しつつやっていきますので、どうぞよろしく！

アスク・ヒューマン・ケアの
アサーティブ・トレーニング講座

【基礎編】自分を表現する

内容……アサーティブネスとは、私たちの権利、
素直に頼んでみよう、ノーと言ってはっきり断わる、
ほめる・ほめられる、自分を愛する

【応用編】相手と向きあう

内容……自己信頼を取り戻す、批判への対処、
怒りを言葉で表現する、相手にまっすぐ向きあう、
これからの自分
※どちらも、2日間の集中セミナーです。

アサーティブ・トレーニングのマスコット・キャラクター、
ドッカン・オロロ・ネッチー。
3つのコミュニケーション・パターン（攻撃型・受身型・
作為型）を象徴しています。

その他のライフスキル・セミナー

【トゥルーカラーズ（TC）入門講座】ステップ1

４つのカラーを手がかりに、自分の魅力や持ち味をつかんでいきます。ＴＣの背景にある歴史／講座の３つの目標／自分本来のカラーを見つける／第一カラーのグループワーク　など。

【トゥルーカラーズ（TC）基礎講座】ステップ2

カラーの組み合わせから、周囲との人間関係を見直します。４つのカラーの対比／身近な人間関係を調べる／ストレス下でのカラー／ライフプラン　など。**〈入門講座修了者が対象〉**

【Win -Win交渉術】

アサーティブネスをベースに、相手も自分も納得できる実践的な「交渉術」を練習。お互いの利害・交渉のポイントをモデルケースでつかむ。一日集中セミナー。

【岡本式メンタルトレーニング】

プロスポーツ選手のメンタルトレーニングで実績を上げている岡本正善氏の一般向け講座。自分を徹底的に肯定し、本来の力を引き出すさまざまな方法（呼吸法・集中法・イメージ法・リズム法など）をコーチ。

【通信セミナー〈私を生きるスキル〉】

Ⅰ　境界と人間関係
Ⅱ　わたしメッセージと感情
Ⅲ　セルフケアと人生設計

■著者プロフィール

木村久子（きむらひさこ）

アスク・ヒューマン・ケア、ライフスキル・センター室長。アサーティブジャパン認定講師。TRUE COLORS JAPAN認定ファシリテーター。

1973年、学習院大学卒。1994年から、アスク・ヒューマン・ケアで海外研修・来日ワークショップなど各種の研修をコーディネイトしつつ、アメリカのベティ・フォード・センター、メドーズで研修を受ける。1999年に、アサーティブ・ジャパンからアサーティブ・トレーナーとして認定。2002年、ライフスキル・センター室長に。

アスク・ヒューマン・ケアとは

1994年に特定非営利活動法人ＡＳＫ（アルコール薬物問題全国市民協会）の出資で設立。アディクション・家族関係・心の問題を主なテーマに、出版と研修相談業務を行なっている。研修相談部門では、「アサーティブ・トレーニング」「トゥルーカラーズ」「メンタル・トレーニング」などの講座を開講しているほか、通信講座なども実施している。

季刊 Be!〈ビィ〉

さまざまな課題をかかえながら、より自分らしく生きたいと願う「あなた」を応援するＡＳＫ発行の雑誌。依存症や家族問題と回復・セルフケアを主なテーマにしている。季刊（3・6・9・12月10日発行）で、年１回、手記を中心にした増刊号を発行。

出版物のお問い合わせも、

電話 03-3249-2551　　URL www.a-h-c.jp

伝えてますか、あなたの気持ち
〈チャコのアサーティブ講座〉
人づきあいの難問をとく35のコツ

2004年11月20日　第1刷発行　　2011年8月20日　第3刷発行

著　者　木村久子
発行者　今成知美
発行所　アスク・ヒューマン・ケア

〒103-0007　東京都中央区日本橋浜町3-16-7-7F
電話 03-3249-2551　URL www.a-h-c.jp

印刷所　明和印刷
定価はカバーに表示してあります。

ISBN978-4-901030-13-7